LE POUVOIR DE LA CONFIANCE DE STEPHEN M.R. COVEY

— Un paramètre ignoré de la productivité

par Charlotte Bouillot

50MINUTES

LA CONFIANCE

UN FACTEUR DE PERFORMANCE INDISPENSABLE

En 1997, Stephen M.R. Covey est à la tête du Covey Leadership Center, la société créée par son père, et orchestre sa fusion avec le cabinet Franklin Quest. Il raconte :

> « Je m'imaginais que ma réputation et ma crédibilité allaient de soi pour tout le monde. Mais ce n'était pas le cas et, si la moitié des collaborateurs me faisaient confiance, l'autre me considérait avec défiance [...], présum[ant] simplement que j'occupais un poste de direction parce que j'étais le fils de Stephen Covey [...]. J'ai dû prendre mes décisions beaucoup plus lentement [et] tout cela était en train de coûter beaucoup de temps, d'énergie et donc d'argent. » (p. 23)

Le manager définit cette épreuve comme la plus formatrice qu'il ait vécue en matière d'accroissement de la confiance. En effet, alors même que l'époque est caractérisée par une crise de confiance dévastatrice à tous les niveaux de la société, aussi bien dans la sphère publique que privée, ce spécialiste mondial du leadership entend démontrer que la confiance est le facteur de développement de la performance dont ne peuvent se passer les organisations et les individus. Il affirme aussi et surtout que chacun de nous a le pouvoir d'établir et de rétablir la confiance inexistante ou perdue. À l'heure où les institutions financières internationales multiplient les procédures lourdes et coûteuses pour tenter d'apaiser la méfiance des investisseurs, c'est un ouvrage de développement personnel que livre Stephen M.R. Covey avec *Le Pouvoir de la confiance*, devenu une référence pour les décideurs du monde entier.

<u>Quelques données</u>

- **Référence ?** COVEY (Stephen M.R.) et MERRILL (Rebecca R.), *Le Pouvoir de la confiance. L'ingrédient essentiel de l'épanouissement et de la performance* (*The Speed of Trust: The One Thing that Changes Everything*, 2006), traduit en français par Daniel Roche, Paris, J'ai lu, 2011.
- **Auteurs ?**
  - Stephen M.R. Covey, auteur américain vivant à Alpine dans l'Utah, titulaire d'un MBA obtenu en 1989 à Harvard, il est le cofondateur de la société CoveyLink Worldwide, fusionnée depuis 2008 avec FranklinCovey, société fondée notamment par son père, Stephen R. Covey.
  - Rebecca R. Merrill, auteure américaine vivant à Durham en Caroline du Nord, titulaire d'un master en sciences de l'éducation obtenu en 1989 à Harvard, elle a assisté le Dr Stephen R. Covey dans la rédaction de ses deux best-sellers *First Things First* et *The 7 Habits of Highly Effective People*, elle a fondé et dirige la société Merill Leadership depuis 1999 (coaching de cadres dirigeants).
  - Avant-propos du Dr Stephen R. Covey, né en 1932 à Salt Lake City (Utah) et décédé en 2012 à Idaho Falls (Idaho), auteur du très célèbre *The 7 Habits of Highly Effective People* entre autres publications, homme d'affaires et professeur à l'école de commerce Jon M. Huntsman de l'université d'État de l'Utah.
- **Mots-clés ?**
  - **Bulle internet** : le terme de « bulle » (économique, spéculative, ou encore financière) est employé pour désigner une période pendant laquelle la valeur d'échange d'actifs sur un marché atteint un niveau excessif par rapport à leur valeur réelle. La bulle internet ou dot-com bubble est la bulle qui a affecté les valeurs des technologies de l'information et des communications à la fin des années 1990.
  - **Technologies de l'information et de la communication (TIC)** : selon l'OCDE, cette terminologie recouvre les producteurs (fabricants d'ordinateurs, de télévisions, de téléphones, etc.), les distributeurs, et les services (télécommunications, services informatiques, etc.) permettant de traiter et communiquer l'information.

MISE EN CONTEXTE

UNE AFFAIRE DE FAMILLE

Les parents de Stephen M.R. Covey se rencontrent en Irlande, où ils voyagent comme missionnaires de l'Église de Jésus-Christ des Saints des Derniers Jours, dont les adeptes sont communément appelés « mormons ». En plus des nombreuses récompenses jalonnant sa carrière de professeur et d'homme d'affaires, Stephen R. Covey engendre neuf enfants, et près de 60 petits- et arrière-petits-enfants. Il reçoit d'ailleurs le National Fatherhood Award de la NFI (National Fatherhood Initiative).

LES MORMONS

Cette doctrine chrétienne fondée en 1830 par Joseph Smith (1805-1844) repose sur la foi en des écritures saintes complémentaires à la Bible. Ses membres croient en une seconde venue sur Terre de Jésus-Christ, qui les guide par la voix d'un prophète vivant. Les mormons seraient aujourd'hui plus de 15 millions dans le monde. Ils suivent les principes d'un plan de salut qui leur permettra de rejoindre Dieu avec leur famille, élément central de la théologie, considérée comme la plus grande source de bonheur.

Comme son père, Stephen M.R. Covey est titulaire d'un MBA obtenu à Harvard en 1989. Il rejoint ensuite l'entreprise familiale fondée en 1984 par son père avec Greg Link et Roger Merrill, en tant que directeur commercial, puis directeur national des ventes, président et enfin PDG. Sous sa direction, le Covey Leadership Center devient l'une des plus grandes entreprises de développement du leadership au monde : en trois ans, les bénéfices de la société sont multipliés par 12, des filiales sont ouvertes dans 40 pays, et la valeur de la société grimpe de 2,4 à 160 millions $ au moment de sa fusion avec

Franklin Quest en 1997. Stephen y a mis en place la stratégie développée par son père dans le livre *The 7 Habits of Highly Effective People*. Vendu à plus de 20 millions d'exemplaires dans 38 langues, cet ouvrage de développement personnel coécrit avec Rebecca Merrill, la femme de Roger Merrill, reprend sept principes universels et intemporels permettant de mieux gérer sa vie personnelle, professionnelle et sociale.

Forts de plusieurs années passées à la tête de différentes organisations ou comme conseillers auprès des dirigeants des plus grosses entreprises américaines, et après plus d'une décennie de recherche, Stephen M.R. Covey et Greg Link créent CoveyLink Worldwide, un programme concret visant à instaurer la confiance comme levier des performances des individus et des organisations. En affaires comme en famille, les Covey auront ainsi consacré leur vie à prêcher les principes clés du sauvetage des individus et des organisations en perte de repères.

LA BULLE INTERNET

En 1995, la société NetScape fondée l'année précédente par Marc Andreessen (né en 1971), le très jeune inventeur du premier navigateur web, entre en Bourse. En quelques heures, le cours de l'action explose de 28 à 75 dollars et sa capitalisation boursière atteint 3 milliards de dollars, alors même qu'elle essuie des pertes de plusieurs millions. On entre dans la « bulle internet », période d'euphorie durant laquelle les investisseurs vont mettre à disposition des start-ups des moyens colossaux, complètement démesurés au regard de leur chiffre d'affaires ou de leurs bénéfices réels.

Yahoo!, Amazon ou eBay font ainsi partie de ces nouveaux projets révolutionnaires au point de vue technologique, mais aussi économique : Internet bouleverse les modes de communication et de production en permettant de dématérialiser un grand nombre de processus et d'augmenter considérablement les gains de productivité. De quoi générer la confiance aveugle des investisseurs, qui rêvent de reproduire le succès fulgurant d'Apple et Microsoft dans les années soixante-dix. En 1999, 79 % des introductions en Bourse d'entreprises américaines sont des sociétés « point com », et 80 % d'entre elles perdent de l'argent au moment de leur introduction. La valorisation d'eBay atteint alors 8 600 fois ses bénéfices annuels. La course aux nouvelles technologies fait monter les enchères et les prix des acquisitions flambent : l'équipementier américain Lucent Technologies rachète Ascend Communications pour un montant record de 20 milliards $, le français Alcatel mène une campagne nord-américaine de rachat de technologies pour un montant total de 16 milliards $, et Cisco Systems rachète plus de 60 sociétés dans la téléphonie ainsi que dans le transport optique, dont Cerent Corporation pour 6,9 milliards $.

LE KRACH BOURSIER DE 2001

Faute d'un modèle économique solide, il ne faudra que quelques mois aux start-ups les plus fragiles pour engloutir leur capital, comme le site de vente en ligne Boo.com lancé en novembre 1999. La société fait faillite en mai 2000, laissant sur le carreau des investisseurs de renom comme le patron de LVMH Bernard Arnault (homme d'affaires français, né en 1949) ou les banques américaines JP Morgan et Goldman Sachs, et une ardoise de 135 millions $. La confiance aveugle en la nouvelle économie virtuelle commence à décliner et certains analystes financiers annoncent le « e-krach » (expression d'Édouard Tréteau, analyste financier au Crédit lyonnais). Le NASDAQ, marché boursier qui regroupe les principales valeurs technologiques de la Silicon Valley, entame sa chute vertigineuse : entre 1995 et 2000, les 4 300 sociétés du NASDAQ avaient engrangé quelque 145 milliards $ de profit, et l'indice avait connu un gonflement fulgurant de 750 à 5 000 points ; un an plus tard, il a perdu la moitié de sa valeur et les profits sont engloutis sous 148 milliards $ de pertes.

Évolution de l'indice NASDAQ 1975-2014

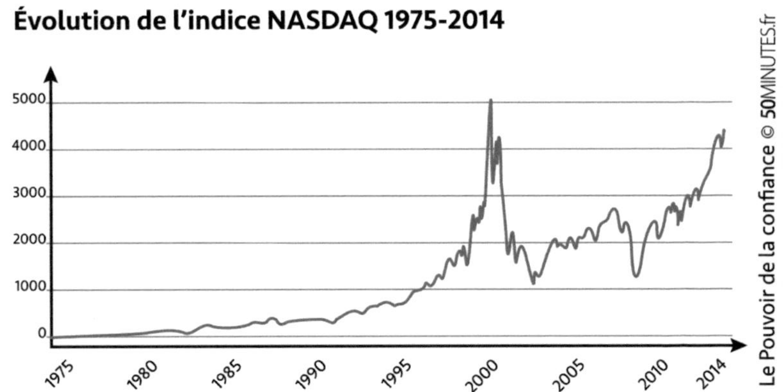

INSÉCURITÉ

Le 11 septembre 2001, les États-Unis subissent une série d'attaques terroristes faisant plus de 3 000 morts. Si les conséquences directes de ces attentats sont difficiles à chiffrer, l'OCDE consacre en 2002 un chapitre de ses *Perspectives économiques* aux conséquences économiques du terrorisme, et fait état de pertes matérielles estimées à 14 milliards $ pour les entreprises, 1,5 milliard $ pour l'État de New York et 0,7 milliard $ au niveau fédéral. 200 000 emplois auraient été supprimés ou délocalisés hors de New York suite aux attaques.

Certains analystes hésitent à établir un lien direct entre ces attentats terroristes et la guerre menée par les États-Unis en Afghanistan dans les mois qui ont suivi. Quoi qu'il en soit, les nombreuses opérations militaires et sécuritaires mises en place dans la plupart des pays occidentaux contribuent à entretenir un climat de peur. Ralentis par les contrôles renforcés aux frontières, la plupart des secteurs de l'économie sont affectés par une crise de confiance et connaissent d'importantes pertes : selon Stephen Brock Blomberg, spécialiste de l'impact économique du terrorisme au Claremont McKenna College (Californie), le manque à gagner en 2002 est d'environ 35 milliards $ pour l'aéronautique et 17 milliards $ pour le tourisme.

FRAUDES FINANCIÈRES ET MANIPULATIONS COMPTABLES

Le krach boursier de 2001 fait éclater au grand jour les pratiques frauduleuses de plusieurs grands groupes.

- En décembre, Enron, l'une des plus grandes sociétés américaines au niveau boursier, annonce sa faillite, entraînant 5 000 emplois dans sa chute ainsi que les fonds de pension d'une centaine de milliers d'épargnants. En créant dans les années quatre-vingt-dix des milliers de sociétés offshore dont les résultats n'étaient pas consolidés, le géant américain du gaz a pu dissimuler des pertes colossales avec la bénédiction du cabinet d'audit Arthur Andersen qui validait ses comptes annuels. Sa capitalisation boursière, qui s'élevait à 85 milliards $, s'est alors volatilisée.
- En juillet 2002, c'est au tour de WorldCom, une entreprise de télécommunication américaine, de disparaître avec 41 milliards de dettes suite à la plus importante fraude comptable de l'histoire américaine : le groupe a déclaré 11 milliards de revenus virtuels entre 2001 et 2002. Arthur Andersen est une nouvelle fois mis

en cause et sera finalement démantelé au cours de l'année 2002, après avoir indemnisé les créanciers d'Enron à hauteur de 60 millions $.

- La même année, les audits menés par la SEC (Securities and Exchange Commission), créée après le krach boursier de 1929 pour réglementer et contrôler les marchés financiers, révèlent que Xerox aurait dissimulé 6 milliards $ de pertes entre 1997 et 2001.
- Et les scandales ne se limitent pas aux États-Unis. Trois mois après avoir confirmé aux administrateurs du groupe Vivendi-Universal que l'endettement de l'entreprise ne dépassait pas 8 milliards d'euros, son patron Jean-Marie Messier publie les pertes les plus importantes jamais réalisées par un groupe français : 13,6 milliards € pour le seul exercice 2001.

« Alors que les scandales qui touchent le monde de l'entreprise, les menaces terroristes, les manœuvres internes et la précarité des rapports conjugaux ont fait chuter la confiance sur presque tous les fronts, j'affirme que la capacité à instaurer, développer, accorder et restaurer la confiance est non seulement vitale pour notre bien-être personnel et interpersonnel. C'est la compétence-clé nécessaire pour la direction de la nouvelle économie globale. » (p. 17)

LE POUVOIR DE LA CONFIANCE

> « Faites confiance aux hommes, et ils vous seront fidèles ; traitez-les avec considération, et ils se montreront grands. » (Ralph Waldo Emerson, écrivain et philosophe américain, 1803-1882)

SYNTHÈSE DE L'OUVRAGE

Contrairement aux idées reçues, la confiance n'est pas seulement liée à des traits de personnalité, mais aussi à des compétences qui permettent d'obtenir des résultats. Il est ainsi possible d'établir la confiance, de l'accorder, mais aussi de la restaurer quand elle a été mise à mal. La perte de confiance n'est pas une fatalité, car nous avons un véritable pouvoir d'action sur elle en développant certaines compétences clés.

Les quatre fondements de la crédibilité

« L'idée est de devenir pour nous-mêmes comme pour autrui une personne digne de confiance » (p. 55), une personne crédible. La crédibilité repose sur quatre fondements qui, quand ils sont instables, érodent à la fois notre confiance en nous et celle que nous inspirons aux autres. Covey utilise l'image d'un arbre : les racines non visibles sont l'intégrité, l'intention est le tronc, les capacités sont les branches qui permettent de produire, les fruits sont les résultats concrets et mesurables.

- **L'intégrité** est définie comme la capacité à agir en accord avec ses convictions, en parfaite cohérence avec ses discours, et impose humilité et courage pour toujours défendre ses principes avant son ego. Les problèmes d'intégrité sont ceux qui mettent le plus à mal la crédibilité.

- C'est sur leurs actes que nous jugeons les autres, et inversement, chacun tirant des conclusions par le prisme de son expérience personnelle. Afficher ses **intentions** permet ainsi d'éviter tout malentendu dans l'interprétation de nos décisions : des motivations transparentes et fondées sur l'intérêt mutuel sont la clé de la réussite à long terme, là où la tricherie contribue à éroder la confiance dans l'ensemble de nos relations.

- C'est en grande partie sur base de nos **capacités** que les autres sont susceptibles de nous accorder leur confiance pour un travail précis. Celles-ci recouvrent :
    - les **talents**, ces aptitudes naturelles dont nous n'avons pas forcément conscience, mais dont découlent la plupart de nos performances personnelles et professionnelles (charisme, organisation, pédagogie, etc.) ;
    - les **attitudes**, c'est-à-dire les schémas comportementaux qui conditionnent notre manière d'être et de voir les choses de façon plus ou moins productive (« Je vais travailler parce que j'y suis obligé » *versus* « Je vais travailler pour contribuer à créer de la valeur » : les attitudes engendrées par l'une ou l'autre de ces motivations seront totalement différentes) ;
    - les **savoir-faire**, qui sont les compétences dont nous avons besoin aujourd'hui et dans le futur, et pour lesquelles nous devons apprendre en continu, car là où le talent est fécond, la compétence est périssable ;
    - les **connaissances**, c'est-à-dire notre niveau de compréhension dans un domaine donné, qui nécessite de maintenir un rythme d'apprentissage soutenu dans l'entreprise (formation collective et transfert de connaissances) ;
    - le **style de management**. Il en existe autant que de managers dans le monde des affaires ; l'important est de trouver une approche personnelle efficace sur le long terme, et permettant d'entretenir la crédibilité et la confiance.

- Si l'arbre ne produit aucun **résultat**, il est stérile et la démarche est vaine : vous ne serez pas crédible aux yeux du monde extérieur. Mais attention à ne pas considérer uniquement les résultats financiers : le premier objectif d'une entreprise est la croissance, et celle-ci ne peut s'entreprendre sans risques financiers.

Changer d'attitude

En amour comme en affaires, au-delà des paroles, ce sont les actes qui comptent et qui sont jugés par notre entourage. Or un comportement est quelque chose que l'on peut abandonner ou modifier, parfois en changeant simplement notre discours ou notre regard. Covey a ainsi listé les 13 attitudes universelles permettant d'améliorer notre capacité à instaurer la confiance, aussi bien dans nos relations personnelles que professionnelles.

- Faire preuve de **franchise** ; ne pas essayer de maquiller ses échecs ; éviter la rétention d'informations.
- Montrer du **respect** pour les personnes et pour leur travail, à tous les niveaux de l'organisation ; ne pas négliger les petites attentions, la politesse ; se préoccuper des autres.
- Être **transparent**, ouvert, authentique ; communiquer ses intentions.
- Admettre rapidement qu'on s'est trompé ; se montrer humble et sincère ; faire son possible pour **réparer les torts causés**.
- Faire preuve de **loyauté** ; reconnaître les mérites des autres ; féliciter généreusement ; évoquer les autres avec respect ; s'adresser directement à la personne concernée.
- Communiquer sur son historique de **résultats** ; ne faire que les promesses que l'on peut tenir ; anticiper les besoins.
- Continuer à **apprendre** ; solliciter les retours et en tenir compte ; prendre le risque de se tromper ; apprendre de ses erreurs.

- Parler de tout, y compris des sujets qui fâchent, sans tabou ; **faire face aux réalités** et s'atteler à résoudre les problèmes avant qu'ils ne s'enveniment.
- Définir les **attentes** au préalable ; clarifier les objectifs et les ajuster pour qu'ils soient réalistes et gagnants pour toutes les parties prenantes.
- Prendre ses **responsabilités** ; demander équitablement des comptes aux autres pour leurs actes ; toujours clarifier qui fait quoi.
- Se mettre à la place de l'autre, faire l'effort de comprendre sa vision ; ne pas considérer qu'on a toutes les réponses ; **écouter** son propre instinct.
- Prendre des **engagements** réalistes et les tenir, qu'ils soient implicites ou explicites ; savoir garder les secrets.
- Bâtir la **confiance** ; accorder sa confiance intelligemment ; créer des synergies ; ne pas être méfiant par peur du risque.

Instaurer la confiance au sein d'une organisation

Dans une organisation à bas niveau de confiance, les responsables ont tendance à se focaliser sur les comportements quotidiens symptomatiques, et non sur les structures et processus internes qui les induisent. Or si les méthodes appliquées véhiculent la méfiance des dirigeants, alors la confiance est directement entamée. C'est pourquoi il faut revenir aux fondements de la crédibilité de l'organisation, pour mettre en adéquation les valeurs de l'entreprise et les méthodes de travail qui en découlent.

Développer son image de marque

L'image de marque renvoie à la réputation d'une organisation, d'un produit ou même d'un individu, et celle-ci a une influence directe sur toutes ses relations. Pour augmenter la valeur d'une marque, celle-ci doit être réputée honnête (intégrité), se soucier d'apporter un véritable service à ses clients (intentions), être associée à la qualité voire l'excellence (capacités) et être performante sur le marché (résultats).

Construire une société à confiance optimale

Une société saine repose sur la contribution, c'est-à-dire sur la volonté de créer de la valeur. Stephen Covey cite Adam Smith (1723-1790) :

> « Le père du libéralisme et l'auteur de *La Richesse des nations* nous a appris que la "vertu intentionnelle" était la base d'une économie prospère et que quand une masse critique de citoyens rivalisent pour leur intérêt bien compris dans le cadre de la vertu intentionnelle, une "main invisible" guide la société dans une direction qui doit créer richesse et prospérité pour tous. » (p. 346)

Au niveau des organisations, la contribution est une nécessité économique : en plus des résultats financiers, les impacts environnementaux et sociaux des entreprises représentent d'importantes sources de profits durables. Mais la « citoyenneté globale » ne peut s'arrêter aux portes de l'industrie ; au contraire, elle commence par soi-même et sa famille, avant de trouver son application dans les organisations. Elle est « un choix individuel et engage une vie entière » (p. 351).

NOTIONS CLÉS

La crise de confiance

Stephen M.R. Covey part du postulat suivant : « Jamais la confiance n'a été aussi dégradée qu'aujourd'hui. » (p. 28-29) Il cite un sondage réalisé aux États-Unis (Harris Interactive, 2005) selon lequel 27 % des sondés déclarent faire confiance au gouvernement, 22 % aux médias, 12 % aux grandes entreprises, et 8 % aux partis politiques. Seuls 51 % des employés ont confiance dans leur direction (enquête Watson Wyatt, 2004-2005), et ils ne sont que 36 % à estimer que leurs dirigeants sont honnêtes et intègres (Harris Interactive, 2005). Covey ajoute que les démissions des employés sont dues en majorité à une mauvaise relation avec leur patron.

Cette perte de confiance s'observe aussi dans la sphère privée, un mariage sur deux se soldant de nos jours par un divorce (p. 29). Une enquête menée en 2005 par le sociologue britannique David Halpern, qui dirige la Behavioural Insights Team, une unité stratégique auprès du Premier Ministre, révèle que seulement 34 % des Américains ont le sentiment de pouvoir se fier aux autres. Ce chiffre est de 23 % en Amérique latine, et 18 % en Afrique. En Grande-Bretagne, ils étaient 60 % à faire confiance à leurs semblables il y a quarante ans contre 29 % en 2003 (p. 28).

L'économie de la confiance

Si, au premier abord, la confiance peut sembler intangible, non quantifiable, elle affecte pourtant deux facteurs tout à fait concrets et mesurables : la vitesse et le coût de production. Plus la confiance diminue, plus la vitesse se réduit tandis que le coût augmente (et inversement).

Par exemple, la loi Sarbanes-Oxley est adoptée en 2002 aux États-Unis en réaction aux scandales financiers révélés pendant le krach boursier de l'année précédente. Pour rétablir la confiance des marchés financiers envers les entreprises, celles-ci doivent se plier à de longues et onéreuses procédures comptables, qui leur auraient déjà coûté 35 milliards de dollars les quatre premières années de leur mise en place (p. 33). Aussi la confiance est-elle, selon Covey, la « variable cachée » de l'équation de base en management, qui se résume comme suit : Stratégie x Exécution x Confiance = Résultats.

« Ma thèse est que, même si une confiance élevée ne suffira sans doute pas à sauver une stratégie médiocre, une confiance basse fera presque toujours capoter une bonne stratégie. » (p. 40) Le facteur confiance peut ainsi représenter un « impôt » de 20 à 80 % sur les résultats quand elle est basse ou inexistante, mais peut à l'inverse constituer un « dividende » de 20 à 40 % quand elle devient un actif tangible.

Comme pour les individus, la crédibilité d'une organisation repose sur son intégrité, ses intentions, ses capacités et ses résultats, et elle peut instaurer ou restaurer la confiance en changeant son attitude pour ainsi transformer les impôts en dividendes.

Impôts et dividendes

Les 7 impôts de la méfiance	Les 7 dividendes de la confiance
Effet de redondance, ou duplication du travail	Création de valeur
Bureaucratie, ou accumulation de procédures	Accélération de la croissance
Politique, ou guerres internes	Multiplication de la capacité d'innovation
Démotivation	Meilleure collaboration
Turnover interne	Partenariats plus performants
Turnover externe	Meilleures capacités d'exécution
Délinquance	Loyauté durable de toutes les parties prenantes

Définition du leadership

Pour Stephen M.R. Covey, le leadership est « l'art d'obtenir des résultats d'une façon qui inspire confiance ». (p. 63) Il affirme ainsi que les moyens mis en œuvre sont aussi importants que les objectifs poursuivis, car des résultats obtenus en instaurant la confiance conditionnent l'obtention de résultats futurs. Arriver à ses fins en détruisant la confiance est une démarche contre-productive : « Au lieu de construire des passerelles de crédibilité et de confiance, vous créez des barrages de suspicion et de méfiance. » (p. 110)

Les accélérateurs proposés par Stephen M.R. Covey

- Pour muscler son intégrité : tenir les promesses qu'on se fait à soi-même ; défendre ses convictions tout en gardant l'esprit ouvert. Ne pas tenir ses engagements peut en effet constituer à long terme une succession d'échecs qui altèrent la confiance en soi et nous enferment dans une spirale négative.
- Pour clarifier ses intentions : questionner sans cesse ses motivations ; les exprimer clairement ; ne pas oublier qu'il y a toujours suffisamment de bonnes choses à retirer d'une relation pour que tout le monde en profite !
- Pour développer ses capacités : gérer en optimisant les forces et les objectifs de chacun ; ne jamais cesser d'apprendre ; avoir une vision claire de ses objectifs.
- Pour améliorer ses résultats : se focaliser sur les résultats et non sur les procédures, et les assumer quels qu'ils soient ; anticiper les succès pour augmenter les chances qu'ils se produisent ; aller au bout des choses.

Matrice de la confiance intelligente

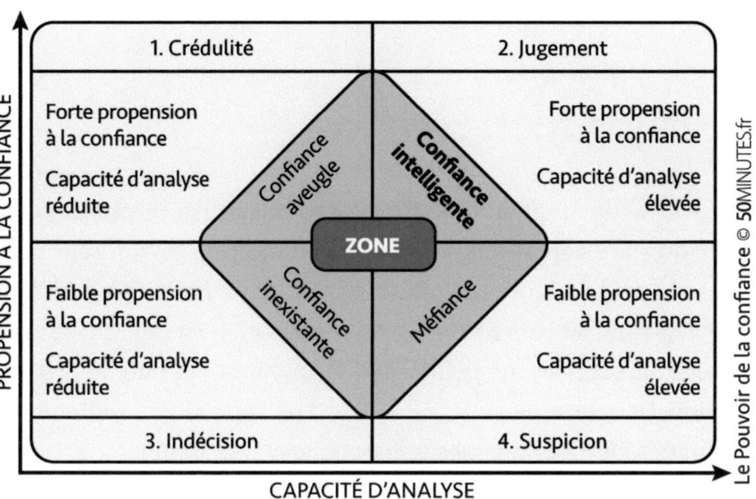

> « Une capacité d'analyse élevée alliée à une forte propension à faire confiance, telle est la synergie qui développe l'intuition nécessaire à un jugement lucide. » (p. 361)

Si à première vue la zone 4 semble celle où les risques sont les plus réduits, elle est en fait un véritable écueil : la suspicion entraîne de longues et coûteuses analyses et conduit à manquer des opportunités ainsi qu'à se renfermer sur ses propres observations au détriment des idées nouvelles. Elle peut ainsi dissuader les partenariats.

RÉPERCUSSIONS

L'AMÉLIORATION CONTINUE

L'approche de Stephen M.R. Covey est loin d'être révolutionnaire en ce qu'elle s'appuie sur des principes universels de bon sens pour nous aider à améliorer durablement nos relations. Ces principes s'appliquent d'ailleurs à tout type d'organisation en tant que groupe d'individus collaborant pour créer de la valeur : la famille, l'école, les clubs, les entreprises, les ONG, etc. Son approche ne prétend pas résoudre tous les problèmes et fonctionner systématiquement, chacun pouvant à tout moment faire les frais d'une relation destructrice, mais elle remet en perspective les bénéfices concrets de la confiance par rapport aux pertes engendrées par la méfiance, surtout quand celle-ci est généralisée à toute une structure, voire à la société dans son ensemble. Aussi la confiance intelligemment accordée alimente-t-elle toujours la crédibilité d'un responsable sur le long terme, même si sa confiance est finalement trahie ou qu'elle n'apporte pas les effets escomptés. La vision développée dans *Le Pouvoir de la confiance* est en cela assez proche d'une démarche d'amélioration continue, soit la mise en place d'un ensemble de détails permettant d'atteindre plus vite et à moindre coût ses objectifs tout en capitalisant pour les réussites à venir.

DES APPROCHES SIMILAIRES ET COMPLÉMENTAIRES

La confiance, une compétence clé

L'économie globale, ou mondialisation de l'économie, dans laquelle nous sommes entrés repose sur un marché planétaire des capitaux, déréglementé, décloisonné et interconnecté, sur la libéralisation des échanges et sur l'internationalisation de la communication. C'est le « monde plat » dont parle Thomas Friedman (né en 1953), éditorialiste au New York Times, dans son ouvrage *La Terre est plate. Une brève histoire du XXIe siècle* (2006), un monde dont l'économie repose sur les relations et la logique de partenariat. Or la confiance est la compétence clé pour les dirigeants de cette économie globale, car :

> « Sans la confiance, il n'y a pas de société ouverte, parce qu'il n'y a jamais assez de policiers pour assurer la surveillance des ouvertures. Sans la confiance, il ne peut non plus y avoir de monde plat parce que c'est la confiance qui nous permet d'abattre les murs, d'arracher les barrières et d'éliminer les frictions aux frontières. La confiance est essentielle dans un monde plat. » (FRIEDMAN (Thomas), *La Terre est plate. Une brève histoire du XXIe siècle*, Paris, Saint Simon, 2006 ; cité par Stephen Covey p. 41)

Les cinq « pourquoi »

Covey constate que la crise de la confiance a engendré d'importants questionnements concernant l'éthique des organisations. Or cette préoccupation conduit à la mise en place de chartes, règlements, et autres codes de conduite promouvant l'obéissance à défaut d'une véritable morale au sein des organisations. La confiance va, selon lui, au-delà de l'éthique en cela qu'elle se concentre sur les fondements des relations, et non sur leurs symptômes. Il cite alors une technique de résolution de problème popularisée dans les années 1970 par le constructeur automobile Toyota, la technique dite des « cinq pourquoi ». Celle-ci propose de remonter à la cause originelle d'une difficulté, via une série de « pourquoi » successifs (cinq en moyenne) permettant d'éliminer l'une après l'autre les différentes couches de symptômes et d'ainsi dégager les causes réelles. Cette technique peut selon Covey permettre de découvrir l'intention véritable qui sous-tend nos actions et d'analyser nos motivations profondes.

Le principe de Peter

Le Principe de Peter, écrit en 1970 par les Canadiens Laurence J. Peter (1919-1990), professeur en psychologie, et Raymond Hull (1919-1985), auteur dramatique et journaliste, pose comme principe universel que « dans une hiérarchie, tout employé tend à s'élever à son niveau d'incompétence » (p. 138). Covey insiste sur la nécessité de contrer ce principe en ayant à cœur d'améliorer constamment ses capacités pour gagner en crédibilité et rétablir la confiance à tous les niveaux de la hiérarchie.

EN RÉSUMÉ

- « Jamais la confiance n'a été aussi dégradée qu'aujourd'hui. » Nous vivons une crise de confiance généralisée à tous les niveaux de la société, qui touche aussi bien les sphères politique et économique que familiale et sociale.
- La confiance est la compétence clé dans notre économie globale, puisqu'elle conditionne le succès des relations et des partenariats.
- Si, au premier abord, la confiance peut sembler intangible et non quantifiable, elle affecte toujours deux facteurs tout à fait concrets et mesurables : la vitesse et le coût.
- La confiance n'est pas seulement liée à des traits de personnalité, mais aussi à des compétences qui permettent d'obtenir des résultats. Il est donc possible d'établir la confiance, de l'accorder, mais aussi de la restaurer quand elle a été mise à mal.
- La méfiance a un coût très important (impôts) qui peut être non seulement supprimé en rétablissant la confiance, mais transformé en dividendes à long terme.
- Le leadership est, selon Covey, « l'art d'obtenir des résultats d'une façon qui inspire confiance ». Les moyens mis en œuvre sont aussi importants que les objectifs poursuivis, car des résultats obtenus en instaurant la confiance conditionnent l'obtention de résultats futurs.

Votre avis nous intéresse !

*Laissez un commentaire sur le site de votre librairie en ligne
et partagez vos coups de cœur sur les réseaux sociaux !*

POUR ALLER PLUS LOIN

SOURCES BIBLIOGRAPHIQUES

- BENTALAB (Siham), « Les "5 Pourquoi ?", outil d'aide à la résolution de problème », in *Techniques de l'ingénieur*, octobre 2011, consulté le 17 juillet 2015.
  http://www.techniques-ingenieur.fr/fiche-pratique/environnement-securite-th5/gerer-une-installation-classee-dt98/les-5-pourquoi-outil-d-aide-a-la-resolution-de-probleme-0446/
- BERTELOOT (Tristan), « Finances : de la bulle internet à la crise des subprimes », in *Le Nouvel Obs*, décembre 2009, consulté le 16 juillet 2015.
  http://tempsreel.nouvelobs.com/economie/20091222.OBS1440/finances-de-la-bulle-internet-a-la-crise-des-subprimes.html
- BRUNEL (Sylvie), « Qu'est-ce que la mondialisation ? », in *Sciences Humaines*, juillet 2015, consulté le 25 juillet 2015.
  http://www.scienceshumaines.com/qu-est-ce-que-la-mondialisation_fr_15307.html
- « Conséquences économiques du terrorisme » in *Perspectives économiques de l'OCDE*, n°71, 2002.
  www.oecd.org/fr/eco/perspectives/1935306.pdf
- CROS (Céline), « Faillite d'Enron : Andersen Worldwide prêt à verser 60 millions de dollars aux victimes », in *Le Monde du droit*, août 2002, consulté le 17 juillet 2015.
  http://www.lemondedudroit.fr/organisation-judiciaire-profession-avocat/129948.html
- ELLIOTT (John) et QUAINTANCE (Lauren), « Britain is getting less trusting », in *The Sunday Times*, mai 2003, consulté le 21 juillet 2015
  http://www.thesundaytimes.co.uk/sto/news/uk_news/article47464.ece

- EMMANUEL (William), « Que reste-t-il de la bulle internet ? » in *01 Business*, octobre 2004, consulté le 16 juillet 2015. http://pro.01net.com/editorial/258900/que-reste-t-il-de-la-bulle-internet/
- FRIEDMAN (Thomas), *La Terre est plate. Une brève histoire du XXIe siècle*, Paris, Saint Simon, 2006.
- GIRARD (Laurence), « Alcatel se muscle en Amérique », in *L'Usine Nouvelle*, mars 2000, consulté le 16 juillet 2015. http://www.usinenouvelle.com/article/telecommunicationsalcatel-se-muscle-en-ameriqueavec-la-reprise-du-canadien-newbridge-alcatel-poursuit-son-pari-americain-et-se-renforce-sur-le-marche-des-reseaux-de-donnees.N96331
- « Histoire d'une faillite célèbre : Enron », in *Trader-Finance*, non daté, consulté le 17 juillet 2015. http://bourse.trader-finance.fr/dossier/formation-bourse/histoire-d-une-faillite-celebre-enron.html
- IMPERATO (Gina), « How to Hire the Next Michael Jordan », in *Fast Company*, décembre 1998, consulté le 21 juillet 2015. http://www.fastcompany.com/36186/how-hire-next-michael-jordan
- MILLER (Candice S.), « The Sarbanes-Oxley ACT 4 Years Later: What Have We Learned? », in *U.S. Government Printing Office*, avril 2006, consulté le 21 juillet 2015. http://www.gpo.gov/fdsys/pkg/CHRG-109hhrg30899/html/CHRG-109hhrg30899.htm
- ORANGE (Martine), « Jean-Marie Messier, les six mois de chute », in *Le Monde*, juillet 2002, consulté le 17 juillet 2015. http://www.lemonde.fr/economie/article/2002/07/01/jean-marie-messier-les-six-mois-de-chute_283093_3234.html
- PETER (Laurence J.) et HULL (Raymond), *The Peter Principle: Why Things Always Go Wrong*, New York, William Morrow and Company, 1969.

- REAVY (Pat), « Influential author Stephen R. Covey remembered as 'Papa' who put family first », in *Deseret News*, juillet 2012, consulté le 21 juillet 2015.
http://www.deseretnews.com/article/865559400/Influential-author-Stephen-R-Covey-remembered-as-Papa-who-put-family-first.html
- RENARD (Florence), « Les sept vies de Jean-Marie Messier », in *Les Échos*, janvier 2011, consulté le 17 juillet 2015.
http://www.lesechos.fr/21/01/2011/lesechos.fr/300390167_les-sept-vies-de-jean-marie-messier.htm
- ROBERT (Virginie), « Alcatel acquiert l'équipementier américain DSC pour 26 milliards de francs », in *Les Échos*, juin 1998, consulté le 16 juillet 2015.
http://www.lesechos.fr/05/06/1998/LesEchos/17660-047-ECH_alcatel-acquiert-l-equipementier-americain-dsc-pour-26-milliards-de-francs.htm
- SEIBT (Sebastian), « Le difficile bilan économique du 11-Septembre », in *France 24*, septembre 2011, consulté le 17 juillet 2015.
http://www.france24.com/fr/20110909-bilan-11-septembre-2001-economie-impact-polemique-stiglitz-world-trade-center-attentat-terrorisme
- STEIN (Nicholas), « Meet-Markets For The New Economy First Tuesday's parties bring entrepreneurs and investors together in a networking frenzy. Is that a business plan? » in *Fortune Magazine*, juillet 2000, consulté le 17 juillet 2015.
http://archive.fortune.com/magazines/fortune/fortune_archive/2000/07/10/283754/index.htm
- « Technologies de l'information et de la communication (TIC) », in *Insee*, non daté, consulté le 17 juillet 2015.
http://www.insee.fr/fr/methodes/default.asp?page=definitions/technologie-inform-communic.htm
- « The Company File Lucent strikes Internet mega-merger », in *BBC News*, janvier 1999, consulté le 16 juillet 2015.
http://news.bbc.co.uk/2/hi/business/254453.stm

- THOMAS (Renaud), « Après 1999-2000, une nouvelle bulle internet est-elle en train de se former ? », in *Captain €conomics*, juin 2014, consulté le 16 juillet 2015.
  http://www.captaineconomics.fr/-bulle-internet-krach-boursier
- THURM (Scott), « Cisco to Acquire Cerent For $6.9 Billion in Stock », in *The Wall Street Journal*, août 1999, consulté le 17 juillet 2015.
  http://www.wsj.com/articles/SB935625277526496066
- « Xerox dans les pas d'Enron et Worldcom », in *Le Nouvel Obs*, juillet 2002, consulté le 17 juillet 2015.
  http://tempsreel.nouvelobs.com/economie/20020628.OBS7102/xerox-dans-les-pas-d-enron-et-worldcom.html

SOURCES COMPLÉMENTAIRES

- Site internet de *Cisco*, et plus particulièrement les pages suivantes :
  http://newsroom.cisco.com/
  http://www.cisco.com/web/about/doing_business/corporate_development/acquisitions/ac_year/about_cisco_acquisition_years_list.html
- Site internet des mormons.
  www.mormon.org
  www.mormonnewsroom.org
- Site internet de Stephen R. Covey.
  www.stephencovey.com

50MINUTES

www.50minutes.com

Éditeur responsable : Lemaitre Publishing
Avenue de la Couronne 382 | BE-1050 Bruxelles
info@lemaitre-editions.com

ISBN ebook : 978-2-8062-7406-9
ISBN papier : 978-2-8062-7407-6
Dépôt légal : D/2015/12603/620
Photo de couverture : © Lisiane Detaille

Conception numérique : Primento,
le partenaire numérique des éditeurs